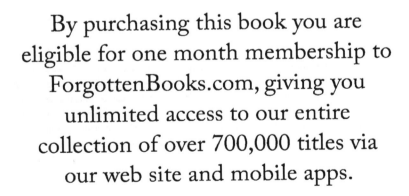

ISBN 978-0-483-94656-9
PIBN 10616024

ie Berkeley'sche Erkenntnistheorie in ihrer Entwicklung.

Inaugural-Dissertation

zur

Erlangung der Doktorwürde

der

hohen philosophischen Fakultät

der

ereinigten Friedrichs-Universität

Halle-Wittenberg

vorgelegt von

Otto Anschütz

aus Zella St. Bl. i. Thür.

Halle a. S.
Hofbuchdruckerei C. A. Kaemmerer & Co.
1913.

Referent: Prof. Dr. **Menzer.**

Meinen lieben Eltern.

Inhaltsangabe.

A. Die zwei Perioden der Berkeley'schen Philosophie.

Berkeleys philosophische Hauptschriften erschienen kurz nacheinander:

An Essay towards a New Theory of Vision (N. Th. of Vis.)[1]) im Jahre 1709;

A Treatise concerning the Principles of Human Knowledge (Princ.) im Jahre 1710;

Three Dialogues between Hylas and Philonous (Dial.) im Jahre 1713.

In den drei Jahren, die der Veröffentlichung der *N. Th. of Vis.* vorausgingen, zeichnete Berkeley seine philosophischen Ansichten in einem wissenschaftlichen Notizbuch auf, um sie bei der Abfassung seiner geplanten Schriften zu verwerten. Dieses Notizbuch — von A. C. Fraser *Commonplace Book (C. B.)* genannt — wurde nach Berkeleys Tode unter seinen Manuskripten gefunden und ist in der Fraserschen Gesamtausgabe der Berkeleyschen Werke abgedruckt worden. Es repräsentiert das früheste Stadium der Berkeleyschen Philosophie.

Mit den *Dial.* ist Berkeleys philosophisches System, wie es in der Geschichte der Philosophie seinen Platz hat, abgeschlossen.[2]) Indessen veröffentlichte Berkeley nach

---

1) Die Klammer enthält die im Text gebrauchte Abkürzung für die betreffende Schrift.

2) Cf. Grimm, Zur Geschichte des Erkenntnisproblems, 2. Aufl. S. 418.

dem Jahre 1713 noch eine ganze Reihe von philosophischen Schriften:

De Motu (D. M.) im Jahre 1721;

Alciphron: or the Minute Philosopher (Alc.) im Jahre 1732;

The Theory of Vision . . Vindicated and Explained (Th. of Vis. Vind.) im Jahre 1733;

The Analyst (Anal.) im Jahre 1734;

Siris: a Chain of Philosophical Reflexions and Inquiries . . . (Sir.) im Jahre 1744.[1])

Diese späteren Schriften Berkeleys haben bis jetzt noch wenig Berücksichtigung gefunden. In den meisten Darstellungen und Analysen der Berkeleyschen Erkenntnistheorie werden sie sehr kurz behandelt und in vielen Arbeiten überhaupt ganz übergangen. Und doch sind sie von hohem Interesse, denn es ist in ihnen eine W e i t e r - e n t w i c k l u n g   u n d   U m b i l d u n g   d e r   i n   d e n H a u p t s c h r i f t e n   v e r t r e t e n e n   e r k e n n t n i s t h e o - r e t i s c h e n   A n s i c h t e n   B e r k e l e y s   zu konstatieren. Am eingehendsten wird diese Entwicklung dargestellt von G r i m m [2]) und von C a s s i r e r.[3]) Die Grimmsche Darstellung ist wenig in die Tiefe dringend; bedeutend höher steht die Darstellung von Cassirer. Doch bedarf auch diese nach manchen Seiten hin einer Ergänzung. Es ist dies nicht verwunderlich, denn Cassirer legt den Schwerpunkt seiner Untersuchung auf die Hauptschriften Berkeleys und behandelt die späteren Schriften nur anhangsweise. Es mag deshalb nicht überflüssig sein, in einer besondern Arbeit d a s   H a u p t g e w i c h t   a u f   d i e   l e t z - t e n   S c h r i f t e n   B e r k e l e y s   zu legen, was, soviel mir bekannt ist, bis jetzt noch von keiner Seite geschehen ist.

---

1) Unbedeutende Schriften sind in dem vorstehenden Verzeichnis weggelassen worden.

2) Grimm, a. a. O. S. 418 ff.

3) Cassirer, Das Erkenntnisproblem etc. Bd. II, 1911, S. 315 ff.

Ich will nun zuerst eine Darstellung der Berkeleyschen Erkenntnistheorie nach den Hauptschriften geben und dann zeigen, wie später eine Weiterentwicklung stattgefunden hat.[1]

B. Berkeleys Erkenntnistheorie nach den Hauptschriften.

a) Erkenntnistheoretische Voraussetzungen.

Viel bestimmter als Locke stellt sich Berkeley auf den Boden der Erfahrung. Er sucht zur „r e i n e n" Erfahrung durchzudringen; er will feststellen, was die Erfahrung an sich, unvermischt und ungetrübt durch Vorurteile, uns lehrt. Es ist seine Grundvoraussetzung, daß nur dasjenige Wirklichkeit und Berechtigung hat, was die „r e i n e" Erfahrung uns u n m i t t e l b a r g i b t oder was auf Grund von ihr f o l g e r i c h t i g g e s c h l o s s e n wird.[2] Man darf das letztere, die mittelbare Erfahrung, bei Berkeley nicht übersehen.[3] Daß man aus einer Ursache, Wirkung, einem Vorgang, Anzeichen oder anderen Umstande vernünftigerweise auf das Dasein eines nicht unmittelbar wahrgenommenen Dinges schließen kann, und daß es sinnlos wäre, wollte jemand daraus, daß er keinen unmittelbaren und positiven Begriff davon hat, Einwände gegen das Dasein dieses Dinges herleiten, das gebe ich gern

1) Beim Zitieren aus den Schriften mit Einteilung in Kapitel gebe ich das Kapitel an, aus solchen ohne Kapiteleinteilung Band und Seite der F r a s e r s c h e n Ausgabe der Berkeley'schen Werke von 1901. Bei Zitaten aus den *Princ.* schließe ich mich an die Ü b e r w e g'sche Übersetzung der *Princ.*, bei Zitaten aus den *Dial.* an die R. R i c h t e r's c h e Übersetzung der *Dial.* an.

2) Cf. R. Richter, Einl. z. Übers. d. *Dial.* S. IV, X.

3) Cf. *ibid.* S. X. Anm.

zu."[1]) Durch die Annahme der mittelbaren Erfahrung gelingt es Berkeley, mit seiner empiristischen Erkenntnislehre eine spiritualistische Metaphysik zu verbinden. Es ist wichtig festzustellen, daß in den Hauptschriften die Metaphysik in engster Verbindung mit der Erfahrung auftritt; sie handelt von dem, was durch die Vernunft aus dem empirisch Gegebenen erschlossen wird.

b) Der Berkeley'sche Idealismus.

In Konsequenz des soeben skizzierten Standpunkts der „reinen" Erfahrung kommt Berkeley zu seiner populärsten und wirksamsten Leistung, zur Leugnung einer vom erkennenden Geist unabhängigen materiellen Außenwelt. Nach dieser für die naive Auffassung höchst absurden Lehre haben „der ganze himmlische Chor und die Fülle der irdischen Objekte, mit einem Wort, alle die Dinge, die das große Weltgebäude ausmachen, keine Subsistenz außerhalb des Geistes. . .[2]) Das *esse* aller körperlichen Dinge ist *percipi;* eine absolute Existenz undenkender Dinge ohne Beziehung auf ihr Percipiertwerden ist ganz unverständlich.[3])

Eine dem Subjekt gegenüberstehende materielle Außenwelt ist, wie Berkeley vollkommen zutreffend betont, durch die Erfahrung in keiner Weise verbürgt. „Durch unsere Sinne... haben wir nur die Kenntnis unserer Sinnesempfindungen, Ideen...; aber die Sinne lehren uns nicht, daß Dinge außerhalb des Geistes oder unpercipiert existieren, die denjenigen gleichen, welche percipiert werden."[4]) Wir sind durchaus in den Ring unseres Bewußtseins eingeschlossen. Auch die mittelbare Erfahrung

---

1) *Dial.* I. S. 437.
2) *Princ.* 6.
3) *Princ.* 3.
4) *Princ.* 18. Ähnlich *Princ.* 40.

gibt uns nach Berkeley keine Gewähr für äußere Dinge. „Welcher Schluß aber kann uns bestimmen, auf Grund dessen, was wir percipieren, die Existenz von Körpern außerhalb des Geistes anzunehmen ...?"[1] Denken wir uns eine Intelligenz, die ohne die Einwirkung von Körpern dieselben Sinneswahrnehmungen hat als wir, diese hätte dann denselben Grund, äußere Dinge anzunehmen.[2] Auch im Traum glauben wir ja körperliche Dinge zu sehen, die anerkanntermaßen nicht vorhanden sind.[3] Also eine materielle Außenwelt ist nach Berkeley eine Chimäre. Er behält indessen den Namen Körper bei und bezeichnet damit diejenigen Ideen, die in uns durch die Sinne hervorgerufen werden zum Unterschied von den Ideen der Einbildungskraft und der Phantasie, die vom menschlichen Geist selbst erzeugt werden.[4] Neben der endlosen Mannigfaltigkeit der I d e e n stehen die G e i s t e r, die die Ideen percipieren. Die Ideen, die wir auf die Außenwelt beziehen, werden von Gott in bestimmter Ordnung in unserem Bewußtsein hervorgerufen.

Mit der Leugnung der materiellen Außenwelt fällt auch die von Locke angenommene k ö r p e r l i c h e S u b - s t a n z, der Träger der Accidentien in jedem Einzelding. Auch sie ist vom Standpunkt der „reinen" Erfahrung aus nicht zu rechtfertigen. Dieses hatte schon Locke bemerkt; es war für ihn die Veranlassung gewesen, die körperliche Substanz als unerkennbar zu bezeichnen. Aber während Locke an ihrem Dasein durchaus festhält, hebt Berkeley in konsequenter Verfolgung seiner erkenntnistheoretischen Grundvoraussetzung auch dieses Dasein auf. Eine materielle Substanz als Träger der Accidentien gibt es nicht.[5] Eine Kirsche z. B. ist „nur ein G e m e n g e s i n n l i c h e r

---

1) *Princ.* 18. Cf. *Dial.* I. S. 412, 416, 435.
2) *Princ.* 20.
3) *Princ.* 18.
4) Cf. *Princ.* 90.
5) Cf. *Princ.* 37.

Eindrücke oder durch verschiedene Sinne wahrgenommener Ideen . . ."¹) Da man beobachtet, daß eine Gruppe von Empfindungen immer zusammen aufzutreten pflegt, werden diese Empfindungen unter einem Namen zusammen gefaßt und als ein Ding bezeichnet.²) Trotzdem will Berkeley den Namen „Substanz" beibehalten; er versteht dann eben unter der körperlichen Substanz nichts weiter als die „Bezeichnung einer Verbindung sinnfälliger Eigenschaften, wie Ausdehnung, Solidität, Gewicht und ähnlicher, miteinander . . ."³) Dagegen hat Berkeley an dem Dasein einer von der Summe der psychischen Vorgänge verschiedenen geistigen Substanz durchaus festgehalten.⁴)

c) Die Erkenntnis.

1. Die Erkenntnis der Ideen.

α) Die Ideen als Objekt der Erkenntnis.

Unser Erkennen bezieht sich auf zwei Hauptklassen von Gegenständen: Ideen und Geister.⁵) Der Ausdruck „Idee" hat bei Berkeley einen engeren Umfang als bei Locke. Er ist beschränkt auf sinnliche Empfindungen und deren Reproduktionen in der Einbildungskraft,⁶) von Geistern und von psychischen Vorgängen haben wir dagegen nach Berkeley keine Ideen.⁷) Berkeley definiert: „Unter Idee verstehe ich jedes sinnliche und einbildbare Ding."⁸) Mit den geistigen Dingen beschäftigt sich nach Berkeley die Metaphysik, die Wissenschaf-

---

1) *Dial.* I. S. 469.
2) *Princ.* 1. Ganz ähnlich Locke, *Essay on Human Understanding* II, 23, § 1.
3) *Princ.* 37. Cf. *C. B.* I, S. 20: „*I take not away substances.*"
4) Abgesehen von einigen Stellen im *C. B.*
5) *Princ.* 86.
6) Cf. Fraser, W. W. I. S. 216.
7) Näheres darüber pag. 26 f. dieser Arbeit.
8) *C. B.* I. S. 47.

t e n haben die I d e e n als Objekt. Da es eine körperliche Außenwelt nicht gibt, ist auch die Naturwissenschaft auf die Betrachtung von Ideen eingeschränkt. Wir wollen einige Konsequenzen behandeln, die sich aus der Durchführung dieses Idealismus ergeben.

Berkeley bestreitet energisch, daß durch seinen Idealismus die Körperwelt und damit auch die Erkenntnis derselben in bloßen S c h e i n verwandelt wird. Die Dinge haben ihre Wirklichkeit in seinem System ebenso wie in jedem anderen.[1]) Wenn man ein Ding Idee nennt, so ist es darum nicht weniger r e a l.[2]) Das Dasein der körperlichen Dinge ist für Berkeley ebenso intuitiv gewiß als die eigene Existenz. „Ich könnte ebenso gut an meinem eigenen Sein zweifeln, wie an dem jener Dinge, welche ich tatsächlich sehe und fühle."[3]) Der Unterschied zwischen wirklichen Dingen und Vorstellungen der Einbildungskraft behält auch bei Berkeley seine volle Gültigkeit. Die wirklichen Dinge sind Ideen, die „kräftiger, geordneter und zusammenhängender" sind als die Geschöpfe des Geistes.[4]) Sie hängen auch nicht von meinem Willen ab, denn sie werden von Gott in mir hervorgerufen. „Wenn ich bei vollem Tageslicht meine Augen öffne, so steht es nicht in meiner Macht, ob ich sehen werde oder nicht, noch auch, welche einzelnen Objekte sich meinem Blicke darstellen werden . . ."[5])

Wenn Berkeley mit Recht betont, daß seine Erkenntnistheorie kein Illusionismus ist, so ist doch mit der Gleichsetzung von I d e e und D i n g eine Reihe von erkenntnistheoretischen Schwierigkeiten gegeben, auf die wir etwas näher eingehen wollen.

Zunächst entspringt eine Schwierigkeit aus der Forderung 'der P e r m a n e n z d e s O b j e k t e s d e r E r-

1) *Princ.* 46.
2) *C. B.* I. S. 50.
3) *Dial.* I. S. 446.
4) *Princ.* 33.
5) *Princ.* 29.

k e n n t n i s. Die Dinge sind Ideen, ihre Existenz besteht im Percipiertwerden. Folgt nicht daraus eine beständige Vernichtung und Neuschaffung der Dinge? „. . . wenn ich die Augen öffne, so schaffe ich die Welt, und wenn ich sie schließe, vernichte ich sie?"[1]) Wenn die Dinge gar nicht existieren, solange niemand sie percipiert, würde aller naturgesetzliche Zusammenhang aufgehoben werden. Überweg[2]) gibt dafür ein gutes Beispiel: Nehmen wir an, wir haben eine geschlossene Taschenuhr, so ist das Räderwerk, weil niemand es percipiert, überhaupt nicht vorhanden. Es dringe nun ein ebenfalls unwahrgenommenes Staubkorn in das Räderwerk ein, dann werden die Zeiger falsch gehen. Wie kann sich aber an ein Nichts ein realer Vorgang d. h. der falsche Gang der Zeiger knüpfen?

Berkeley hat die vorliegende Schwierigkeit lebhaft empfunden und macht mannigfache Versuche, sie zu lösen. Wir können in diesen Versuchen eine Entwicklung konstatieren. Im *C. B.*[3]) erklärt der Philosoph, daß ein Ding existiert, wenn es percipiert wird, oder wenn es in der Einbildung vorhanden ist, oder wenn nur jemand daran denkt. Deshalb kann man die Existenz unwahrgenommener Dinge gar nicht in Frage stellen, denn sobald man dies tut, d e n k t man ja an sie, und vermöge dessen existieren sie. Man erkennt sofort, daß diese Lösung durchaus unbefriedigend ist, sie würde den Unterschied zwischen wirklichen Dingen und Phantasmen, den Berkeley sonst so scharf betont, ganz aufheben. Berkeleys Auffassung ändert sich denn auch noch innerhalb des *C. B.* An späteren Stellen wird den unpercipierten Körpern eine p o t e n - t i e l l e E x i s t e n z zugeschrieben; die Welt ist ein System von Möglichkeiten, Wahrnehmungen zu bekommen. Berkeley sagt dafür auch: die Körper sind, wenn sie nicht wahrgenommen werden, als K r ä f t e vorhanden. „Körper, als

---

1) Busse, Die Weltansch. d. groß. Philos. d. Neuzeit. 1909. S. 71.
2) Anm. z. d. *Princ.* 78.
3) *C. B.* I. S. 15.

Kräfte genommen, existieren auch, wenn sie nicht percipiert werden; aber diese Existenz ist nicht aktuell. Wenn
ich sage, eine Kraft existiert, so ist nicht mehr gemeint,
als daß, wenn ich bei Licht meine Augen öffne und nach
jener Richtung blicke, ich ihn (d. h. den Körper) sehen
werde."[1]) Mit der Existenz unwahrgenommener Körper
verhält es sich ebenso wie mit der Existenz der Farben
im Dunkeln.[2])

In den *Princ.* wird diese Ansicht von der potentiellen
Existenz unpercipierter Körper noch festgehalten. Berkeley sagt hier in Bezug auf seinen Schreibtisch: „. . .
wäre ich außerhalb meiner Studierstube, so könnte ich
seine Existenz in dem Sinne aussagen, daß ich, wenn ich
in meiner Studierstube wäre, ihn percipieren könnte."[3])
Daneben aber macht sich in den *Princ.* eine andere Auffassung geltend:[4]) die Dinge erhalten ihre Permanenz
durch ihr Dasein als Ideen im G o t t e s g e i s t. Das un-
endliche Bewußtsein Gottes umfaßt zu jeder Zeit alle
Ideen, in **ihm** gibt es keine Intervalle der Perception. In
den Zeiten zwischen den Wahrnehmungen der endlichen
Geister bestehen die Dinge weiter als Ideen in dem all-
gegenwärtigen, ewigen Geist. Diese Auffassung wird die
herrschende in den *Dial.*, wo das Problem zum Abschluß
gebracht wird. „Es gibt . . . einen anderen Geist, in dem
sie (d. h. die Dinge) in den Zeiten bestehen, welche zwischen meinen Wahrnehmungen von ihnen liegen, wie sie
es gleichermaßen vor meiner Geburt taten und nach meiner
angenommenen Vernichtung tun würden."[5])

Durch diese metaphysische Theorie löst Berkeley auch
letzten Endes die Schwierigkeit, die in seiner Erkenntnistheorie aus der Forderung der E i n h e i t l i c h k e i t d e s

---

1) *C. B.* I. S. 82. Cf. *C. B.* I. S. 61, 65, 80.
2) *C. B.* I. S. 71.
3) *Princ.* 3.
4) *Princ.* 6.
5) *Dial.* I. S. 447.

Objekts der Erkenntnis entspringt. Man kann nämlich Berkeley den Vorwurf machen, daß er das einheitliche
„Ding" der realistischen Weltauffassung in eine Vielheit
von Perceptionen auflöst; es besteht bei ihm aus den
Wahrnehmungen in allen Geistern, die es gerade percipieren.[1]) Wenn zehn Menschen ein- und dasselbe Haus
sehen, so sind in Wirklichkeit nur zehn Ideen vorhanden,
die im Grunde ganz unabhängig voneinander sind. Berkeley ist diese Schwierigkeit nicht entgangen, er bespricht
sie ausführlich in den *Dial.*[2]) Doch trifft er dabei nicht
den Kern der Sache, und er rettet sich auch schließlich
wieder durch die Annahme, daß die von den Einzelgeistern
percipierten Ideen zugleich im Geiste Gottes enthalten
sind und daselbst einen höheren Grad von Realität besitzen. Die verlangte Einheitlichkeit des Objekts wird dann
durch diese göttlichen Ideen erfüllt; sie übernehmen die
Rolle der äußeren Dinge der Realisten. So stellt Berkeley in den *Dial.* den sinnlichen Ideen in den Einzelgeistern
eine höhere Art der Wirklichkeit gegenüber, die
urbildlichen Ideen im Gottesgeist. Es findet in den *Dial.*
bereits eine Verschiebung des Begriffs der Realität statt;
die Wirklichkeit eines Dinges ist nicht mehr erschöpft
durch seine Perception in einem endlichen Geist. Diese
Auffassung bildet den Übergang zu der Auffassung der
späteren Schriften, in denen den sinnlichen Dingen die
Realität abgesprochen und dieser Begriff auf die unver-
änderlichen göttlichen Ideen eingeschränkt wird.[3])
Aber noch in einem anderen Sinne wird von Berkeley
das Objekt der Erkenntnis aufgelöst.[4]) Er kann die Ideen
verschiedener Sinne nicht auf ein- und dasselbe
außerbewußte Objekt beziehen, deshalb stehen sie
zusammenhanglos nebeneinander. „Wir sehen und tasten

---

1) Cf. Überweg, Anm. z. d. *Princ.* 66.
2) *Dial.* I. S. 467, 468.
3) Cf. pag. 41 dieser Arbeit.
4) Cf. Grimm, a. a. O. S. 431, 432.

niemals ein- und dasselbe Objekt. Was gesehen wird, ist ein Ding; was getastet wird, ein anderes."[1]) Ich sitze in meinem Zimmer und höre einen Wagen die Straße entlang fahren; ich blicke durch das Fenster und sehe ihn; ich gehe hinaus und besteige ihn. Nach der gewöhnlichen Auffassung ist es ein- und dasselbe Ding, das ich höre, sehe und taste, nämlich der Wagen. Aber das ist nach Berkeley ein Irrtum, die Ideen verschiedener Sinne sind ganz verschieden und haben keinen Zusammenhang miteinander. Ich habe also im vorliegenden Falle drei verschiedene Dinge wahrgenommen.[2]) Dasselbe tritt aber auch bei den Ideen ein- und desselben Sinnes auf. Die Gesichtsbilder eines Dinges, das ich aus verschiedenen Entfernungen betrachte, sind verschieden und nicht miteinander verknüpft, also sehe ich aus verschiedenen Entfernungen eigentlich verschiedene Dinge. „Ein Mikroskop bringt uns gleichsam in eine neue Welt. Es zeigt uns eine neue Reihe sichtbarer Objekte, die ganz verschieden sind von denen, die wir mit dem bloßen Auge erblicken."[3]) Die Tatsache, daß wir trotzdem verschiedene Ideen zu ein- und demselben Ding zusammenfassen, erklärt Berkeley aus den Bedürfnissen der Sprache. Um eine Wirrnis in der Sprache zu vermeiden, „setzt man mehrere Vorstellungen zusammen, welche durch verschiedene Sinne aufgefaßt werden, oder durch denselben Sinn zu verschiedener Zeit oder unter verschiedenen Umständen, bei denen man aber trotzdem eine Verbindung in der Natur entweder bezüglich ihres Zugleichseins oder einer Aufeinanderfolge beobachtet — und all' dies wird unter dieselbe Benennung gebracht und als e i n Ding angesehen."[4])

Durch diese Auflösung des Dinges in einzelne Perceptionen wird aber die Möglichkeit einer gegenständ-

---

1) *N. Th. of Vis.* 49.
2) *N. Th. of Vis.* 46.
3) *N. Th. of Vis.* 85. Cf. *Dial.* I. S. 463, 464.
4) *Dial.* I. S. 464.

lichen Erkenntnis aufgehoben. Der Naturwissenschaft wird das Fundament entzogen, wenn sie ihre Aussagen und Gesetze nicht auf b e h a r r e n d e Dinge beziehen kann. So führt Berkeleys Erkenntnistheorie letzten Endes zum Skeptizismus. Berkeley hat diese Konsequenz nicht gezogen; er hat sich immer aufs schärfste gegen den Vorwurf des Skeptizismus gewehrt und seine philosophischen Gegner als Skeptiker zu brandmarken gesucht. Für den Realismus besteht die eben erörterte Schwierigkeit nicht; hier haben wir ein die Einzelwahrnehmungen zusammenhaltendes, von unserem Geiste unabhängiges Objekt.

In welchem Verhältnis stehen nun die Ideen, die der Gegenstand der Wissenschaften sind, zum b e g r i f f - l i c h e n D e n k e n? Berkeley bekämpft die Ansicht, daß die Allgemeinbegriffe als psychische Inhalte in unserem Geist enthalten sind. Wir können uns kein Dreieck im allgemeinen, keinen Menschen im allgemeinen vorstellen. Es muß „die Idee eines Mannes, die ich mir bilde, entweder die eines weißen oder eines schwarzen oder eines rothäutigen, eines gerade oder krumm gewachsenen, eines großen oder kleinen oder eines Mannes von mittlerer Größe sein."[1]) Wenn wir uns vorurteilslos auf den Boden der „reinen" Erfahrung stellen, erkennen wir, daß jede unserer Vorstellungen eine e i n z e l n e, b e s t i m m t e ist. Berkeley bestreitet die Abbildung des Allgemeinbegriffs durch eine Vorstellung, er leugnet dagegen nicht das Vorhandensein und die wissenschaftliche Geltung der Allgemeinbegriffe. Es gibt nach Berkeley wirklich allgemeine Ideen, und die Allgemeinheit ist nicht bloß auf das Wort beschränkt. „Wenn indes jede metaphysische oder psychologische Existenz, die wir dem abstrakten Begriff zusprechen, in sich widerspruchsvoll ist, . . . so brauchen wir damit doch auf seine [des Allgemeinbegriffs] Geltung im Ganzen der Erkenntnis keineswegs zu verzich-

---

1) *Princ. Einl.* X.

ten."[1]) Allgemeine Ideen entstehen dadurch, daß eine Einzelidee die Funktion übernimmt, alle Ideen derselben Art zu repräsentieren; die einzelne Idee dient ,als Zeichen für eine Gruppe ähnlicher Ideen und wird so allgemein.[2]) „Wenn ich irgend einen Satz beweise, der Dreiecke betrifft," so ist das so zu verstehen, „daß das einzelne Dreieck, welches ich betrachte, gleichgültig, ob dasselbe von dieser oder jener Art sei, geradlinige Dreiecke aller Art repräsentiert oder statt derselben steht und in diesem Sinne allgemein ist."[3]) Hier aber erhebt sich eine Schwierigkeit: Die Einzelidee, die die repräsentative Funktion übernimmt, behält doch immer alle ihre individuellen Besonderheiten und Eigentümlichkeiten. Wie kann ich dann aber auf Grund einer Einzelidee eine Aussage machen, die für alle ähnlichen Ideen gleichmäßig gilt? Wie kann ich z. B. an einem bestimmten, einzelnen Dreieck einen Satz beweisen, der auch für andere Dreiecke mit ganz anderen Besonderheiten Gültigkeit haben soll? Berkeley hat diese Schwierigkeit klar erkannt,[4]) aber es ist ihm nicht gelungen, sie zu beseitigen. Er sagt: Ein Beweis, den ich an einem individuellen Dreieck führe, ist deshalb allgemeingültig, weil bei dem Beweise die besonderen Eigenschaften des betrachteten Dreiecks nicht berücksichtigt werden.[5]) Welches aber sind diese besonderen Eigenschaften? Auf diese Frage bleibt uns Berkeley die Antwort schuldig. Es ist ein Zug des Berkeleyschen Sensualismus, daß er die Allgemeinbegriffe in eine Vorstellung hineinzwängt. Dies ist ganz unnötig; ein Allgemeinbegriff besteht in einer Beziehung. Berkeley hat auch später, wie er den Versuch macht, den Sensualismus zu überwinden, diese enge Verknüpfung des Allgemein-

---

1) Cassirer, a. a. O. S. 287.
2) Cf. *Princ.* Einl. XII.
3) *Princ. Einl.* XV.
4) *Princ. Einl.* XVI.
5) *Princ. Einl.* XVI.

begriffs mit einer sinnlichen Einzelvorstellung nicht mehr festgehalten.

Berkeley hat von den Wissenschaften wesentlich nur Mathematik und Naturwissenschaft in Betracht gezogen. Wie ihre Gegenstände sinnlich gegebene Ideen sind, so ist das Erkenntnisvermögen, auf dem sie beruhen, die S i n n l i c h k e i t. Besonders in Berkeleys philosophischem Notizbuch wird der schroffste Sensualismus vertreten. Berkeley neigt hier sogar zu der Ansicht, daß alle Erkenntnisvermögen auf die Sinnlichkeit zurückzuführen sind; der reine Verstand ist für ihn ein bedeutungsloses Wort.[1]) Doch wird dieser Standpunkt nicht einmal im *C. B.* durchgängig festgehalten. Die Wissenschaften beruhen allerdings auf den Sinnen, aber neben der Sinnlichkeit gibt es noch ein höheres Erkenntnisvermögen, die V e r n u n f t. „Die Vernunft ward uns zu edleren Zwecken gegeben."[2]) Berkeley kennt bloß diese beiden Erkenntnisvermögen, die ganz ohne Zusammenhang nebeneinander gestellt werden. Dabei ist es seine Ansicht (und diese hat sich durch alle Wandlungen seiner Philosophie unverändert erhalten), daß die Vernunft oder der reine Verstand als Gegenstand nur geistige Dinge hat.[3]) Die Vernunft wird ganz in Anspruch genommen von Berkeleys spiritualistischer Metaphysik. In der ersten Periode der Berkeleyschen Philosophie liegt der Schwerpunkt der Erkenntnistheorie auf der Sinnlichkeit; die Vernunft mit ihren geistigen Objekten steht im Hintergrund. Die Sinne sind nach Berkeley vollkommen zuverlässig. Er kann die S i c h e r h e i t d e r S i n n e nicht genug betonen. Im *C. B.* sagt er mit radikaler Schroffheit: „Wir müssen mit dem Pöbel Gewißheit in die Sinne setzen"[4]) und in den *Princ.*: „. . . behauptet, so sehr ihr mögt, die Zuverlässigkeit der Sinne, wir sind ganz

---

1) *C. B.* I. S. 51: *Pure intellect I understand not.*
2) *C. B.* I. S. 88.
3) Cf. z. B. *Dial.* I. S. 404.
4) *C. B.* I. S. 44.

damit einverstanden."[1]) Er spottet über die Philosophen, die behaupten, daß wir „auf eine klägliche Weise von unseren Sinnen irregeführt und getäuscht" würden.[2]) Er nimmt in geschickter Weise seinen Idealismus zu Hilfe, um das Vorkommen von Sinnestäuschungen hinweg zu interpretieren. Wenn wir ein Ruder im Wasser gebrochen sehen, sagt er, so ist es wirklich gebrochen. Wir täuschen uns nicht in Bezug auf die sinnliche Wahrnehmung, wir täuschen uns bloß in unserem Urteil, wenn wir annehmen, daß das Ruder auch noch außerhalb des Wassers gebrochen ist.[3]) In dieser Wertschätzung der Sinne haben wir wohl den weitesten Abstand gegen die Erkenntnistheorie der späteren Schriften Berkeleys vor uns.[4])

β) Die mathemetische Erkenntnis.

Es ist erstaunlich, mit welcher Konsequenz Berkeley seinen Sensualismus auf dem Gebiete der Mathematik durchführt. Die Mathematik hat als Objekt sinnlich gegebene Ideen.[5]) In der Geometrie ist die einzelne sinnliche Figur nicht bloß ein Hilfsmittel für die Anschauung, sondern das Objekt der Wissenschaft. Wir haben oben gesehen, wie Berkeley zu zeigen versucht, daß die an einer Einzelfigur abgeleiteten Sätze für alle ähnlichen Figuren gelten. Mathematische Sätze werden nach Berkeley allein mit Hilfe der Sinne gefunden. Es ist eine Torheit von den Mathematikern, über sinnliche Ideen nicht durch ihre Sinne zu urteilen.[6]) „Besser als Vernunft oder Demonstration sollten die Sinne gebraucht werden bei der Be-

---

1) *Princ.* 40.
2) *Princ.* 101.
3) Cf. *Dial.* I. S. 456.
4) Cf. S. 35 dieser Arbeit.
5) *Princ.* 101.
6) *C. B.* I. S. 88. Cf. *C. B.* I. S. 84: *Ridiculous in the mathematicians to despise Sense.*

handlung von Linien und Figuren, da diese sinnliche Dinge sind."[1]) Der Einwand, daß der reine Verstand „Richter" in der Geometrie sein könnte, wird abgewiesen durch die Bemerkung, daß Linien und Dreiecke keine Handlungen des Geistes sind; der reine Verstand hat es ja nur mit geistigen Dingen und Vorgängen zu tun.[2]) Berkeleys gerade Linie ist die Gerade, die wir durch die Sinne percipieren. Sie besteht aus kleinsten sinnlich wahrnehmbaren Teilen (Sinnliche Minima).[3]) Jede Gerade hat eine ganz bestimmte Anzahl solcher mathematischen Punkte. Die Vergleichung der Größen zweier Linien läuft auf die Zählung ihrer Punkte hinaus.[4]) Daraus ist es verständlich, daß Berkeley eine Teilbarkeit in infinitum nicht zulassen kann. Bei der fortgesetzten Teilung einer Linie komme ich notwendig einmal zu einem sinnlichen Minimum, und damit ist der weiteren Teilung eine Grenze gesetzt.[5]) Kleinere Größen als sinnliche Minima kann es schon deshalb nicht geben, weil sie nicht percipiert werden können und nach Berkeley die Existenz eines Dinges mit dem Percipiertwerden zusammenfällt.[6]) Die Polemik gegen das Unendlichkleine zieht sich durch die ganze Berkeleysche Philosophie hindurch. Auch in der Arithmetik bleibt Berkeley im engsten Konnex mit der äußeren Erfahrung.[7]) Berkeleys Auffassung der Mathematik gehört zu den schwächsten Teilen seines philosophischen Systems. Es muß uns dies Wunder nehmen, da der Philosoph auf dem Gebiete der Mathematik sehr bewandert war und während seines ganzen Lebens diesem Teil der Erkenntnis sein Interesse

---

1) *C. B.* I. S. 14.
2) *C. B.* I. S. 22.
3) Cf. *N. Th. of Vis.* 80—82.
4) *C. B.* I. S. 20: *If with me you call those lines equal which contain an equal number of points, then there will be no difficulty.*
5) *Princ.* 132.
6) Cf. *Princ.* 124, 125.
7) Cf. *Princ.* 119—122.

zugewandt hat.[1]) Verständlich ist Berkeleys Philosophie der Mathematik nur aus der unbeugsamen Konsequenz, mit der er seinen Sensualismus durchzuführen sucht.

γ) Die Erkenntnis der Natur.

Auch in der Naturwissenschaft stellt sich Berkeley konsequent auf den Boden der „reinen" Erfahrung; was diese nicht bietet, wird verworfen. So kommt er zu einer Ablehnung der Begriffe K a u s a l i t ä t und K r a f t in Bezug auf körperliche Dinge. Eine Idee kann nicht die Ursache einer anderen sein, denn die Ideen sind, wie die unbefangene Beobachtung uns lehrt, durchaus passiv. „Ein wenig Aufmerksamkeit wird uns zeigen, daß das Sein einer Idee die Passivität oder Inaktivität so durchaus involviert, daß es unmöglich ist, daß eine Idee etwas tue, oder, um den genauen Ausdruck zu gebrauchen, die Ursache von irgend etwas sei; . . ."[2]) Wir haben bloß ein regelmäßiges Aufeinanderfolgen der Ideen, kein Auseinanderfolgen. Im besonderen richtet Berkeley seine Angriffe gegen die den Körpern zugeschriebene Anziehungskraft.[3]) Die Erfahrung zeigt uns weiter nichts, als „daß unzählige Körper eine Tendenz haben, sich einander zu nähern." Der Stein fällt zur Erde, die See schwillt zum Monde hin an etc., das ist alles, was wir konstatieren können. Wir können daraus eine allgemeine Regel, ein N a t u r g e s e t z aufstellen, aber ein Erklärungsversuch dieser Erscheinungen durch eine den Körpern innewohnende Anziehungskraft muß unterbleiben, denn wir verlassen damit den Boden des empirisch Gegebenen. Wirksamkeit und Kraft kommt nach Berkeley allein g e i s t i g e n D i n g e n zu.[4])

---

1) Die ersten beiden Schriften Berkeleys behandeln m a t h e m a t i s c h e Gegenstände: *Arithmetica absque Algebra aut Euclide demonstrata.* 1707 und *Miscellanea Mathematica* 1707.

2) *Princ.* 25.

3) Cf. *Princ.* 103—106.

4) Cf. *Princ.* 102.

Auch hierfür beruft er sich auf die Erfahrung, und zwar auf die Selbstwahrnehmung *(reflexion)*. Es ist indessen zu bemerken, daß die innere Erfahrung uns ebensowenig den Begriff der Kausalität liefert als die äußere. Wenn ich meinen Arm bewege, so erkenne ich weiter nichts, als daß auf meinen Willensakt die Bewegung meines Armes folgt, nicht daß sie notwendig daraus hervorgeht. Die größte Aktivität hat nach Berkeley Gott. Er erzeugt in uns diejenigen Ideen, die erfahrungsgemäß nicht von unserem Willen abhängen. Diese Erzeugung erfolgt in bestimmter Ordnung; die r e g e l m ä ß i g e A u f e i n a n d e r - f o l g e zweier Ideen nennen wir ein N a t u r g e s e t z. „Nun werden die festen Regeln oder bestimmten Weisen, wonach der Geist, von dem wir abhängig sind, in uns die sinnlichen Ideen erzeugt, die Naturgesetze genannt, und diese lernen wir durch 'Erfahrung kennen, die uns belehrt, daß gewissen bestimmten Ideen bestimmte andere Ideen in dem gewöhnlichen Laufe der Dinge folgen."[1] Gott wirkt im allgemeinen nach den einmal festgesetzten Naturgesetzen, weil „ein großer Nutzen in diesen regelmäßigen, konstanten Weisen des Handelns liegt, welche der höchste. Wirkende beobachtet . . ."[2] So kommt es denn, daß wir „nach der Erfahrung, die wir von dem Lauf und der Aufeinanderfolge unserer Ideen gemacht haben, nicht etwa ungewisse Vermutungen, sondern sichere und wohlbegründete Voraussagen über die Ideen machen, die wir infolge einer großen Menge von Handlungen haben werden . . . Hierin besteht die N a t u r e r k e n n t n i s . . ."[3] Aber eine ausnahmslose Geltung will Berkeley in den Hauptschriften den Naturgesetzen nicht zugestehen. Gott kann den gewöhnlichen Verlauf der Erscheinungen auch einmal ändern, wenn er seine „oberherrliche Macht" bekunden will.[4] Wir sprechen dann von Wundern.

---

1) *Princ.* 30.
2) *Princ.* 62.
3) *Princ.* 59.
4) *Princ.* 63.

Berkeley scheint in der ersten Periode seiner Philosophie eine Anwendung der Mathematik auf die Naturwissenschaft abzulehnen. In der *N. Th. of Vis.* polemisiert
er gegen eine m a t h e m a t i s c h e Behandlung der Op-
tik: „. . . was die mathematische Berechnung in der Op-
tik anbetrifft, so kann man, denke ich, im allgemeinen
bemerken, daß sie nicht sehr genau und exakt sein kann,
da die Urteile, die wir über die Größe äußerer Dinge
machen, oft von verschiedenen Umständen abhängen, die
Linien und Winkeln nicht proportional oder nicht geeignet sind, durch diese definiert zu werden."[1]

2. Die Erkenntnis geistiger Dinge.

Neben den Ideen stehen bei Berkeley als zweite Klasse
von Objekten der Erkenntnis die Geister und die psychischen Vorgänge. Das Dasein meines e i g e n e n Geistes
erkenne ich durch Selbstwahrnehmung. „Das Dasein meines
eigenen Selbst . . ., d. h. meiner eigenen Seele, meines
Geistes, oder des geistigen Prinzips in mir, erkenne ich
ersichtlich durch Selbstwahrnehmung."[2] Ebenso wie von
der Existenz der Ideen habe ich auch von dem Dasein
meines eigenen Geistes eine intuitive Gewißheit. Ich weiß,
„daß ich, der ich ein Seelenwesen oder eine geistige Substanz bin, so sicher da bin, wie ich weiß, daß meine Vorstellungen da sind."[3] Berkeley meint also, daß das Dasein einer geistigen Substanz in mir durch die Selbstwahrnehmung mit intuitiver Gewißheit erkannt wird. Damit wäre die geistige Substanz auf die Erfahrung gegründet. Dies ist indessen nicht der Fall. Man kann vom
Standpunkt der „reinen" Erfahrung dieselben Einwände
gegen die g e i s t i g e Substanz machen, die Berkeley gegen

---

1) *N. Th. of Vis.* 78.
2) *Dial.* I. S. 449. Cf. *Princ.* 89: „Wir erkennen unsere eigene
Existenz durch ein inneres Wahrnehmen (einen inneren Sinn) oder
„Reflektion" . . ."
3) *Dial.* I. S. 447.

die materielle Substanz vorbringt. Wenn wir vorurteilslos prüfen, was die Erfahrung uns bietet, finden wir
keine geistige Substanz, sondern nur eine Succession psy-
chischer Vorgänge. Im Anfang seines Philosophierens hat
dies Berkeley selbst sehr wohl eingesehen; das *C. B.* leugnet an manchen Stellen das Vorhandensein einer geistigen
Substanz. „Der Geist ist ein Haufen von Perceptionen.
Nehmt die Perceptionen hinweg und ihr nehmt den Geist
hinweg. Setzt die Perceptionen und ihr setzt den Geist."[1]
Eine Folge davon ist, daß die Seele immer denkt; im Schlaf
und in der Bewußtlosigkeit existiert sie überhaupt nicht.[2]
Berkeley hat diese Auffassung sofort wieder fallen lassen;
in seinen veröffentlichten Schriften wird der Geist dog-
matisch als Substanz eingeführt. Neben der Mannigfaltigkeit der Ideen existiert etwas, das diese erkennt und verschiedene Tätigkeiten in Bezug auf sie ausübt. Dieses tätige
Wesen, das ich Geist oder Seele nenne, ist ein von den
Ideen „ganz verschiedenes Ding, worin sie existieren."[3]
Der Geist wird jetzt ausdrücklich als eine „unkörperliche,
tätige Substanz" bezeichnet;[4] und es wird ganz schola-
stisch definiert: „Ein Geist ist ein einfaches, unteilbares,
tätiges Wesen..."[5] In einem Zusatz zur dritten **Auflage**
der *Dial.* hat dann Berkeley seine eigene Auffassung des
Geistes im *C. B.* scharf bekämpft.[6] Die Änderung von
Berkeleys Ansicht ist aus seiner tiefreligiösen Natur her-
aus zu verstehen. Wie soll man sich eine Unsterblichkeit
der Seele denken, wenn die Seele nichts ist als ein Bün-
del von Perceptionen?

Vom Geiste und von den seelischen Vorgängen haben
wir nach Berkeley keine Ideen wie von den körperlichen

---

1) *C. B.* I. S. 27, 28.
2) *C. B.* I. S. 34.
3) *Princ.* 2.
4) *Princ.* 26. Cf. *Princ.* 89.
5) *Princ.* 27.
6) *Dial.* I. S. 449 ff.

Dingen; wir haben nur insofern eine Kenntnis von ihnen,
als wir die Bedeutung der darauf bezüglichen Worte verstehen.[1]) Die zweite Ausgabe der *Princ.* (vom Jahre 1734)
fügt hinzu, daß wir die geistigen Dinge durch „B e -
g r i f f e" *(notions)* erkennen. Es wird aber ausdrücklich
betont, daß darunter nicht unsere Begriffe im logischen
Sinne zu verstehen sind. Wir haben Begriffe vom Geiste
und von den psychischen Erscheinungen, wie wollen, lieben
etc., insofern wir verstehen, was mit diesen Worten gemeint ist.[2]) Auch diese Auffassung vertrat Berkeley nicht
von allem Anfang an. Im *C. B.* wird der Begriff Idee auch
auf Geistiges angewandt. Der Umschwung tritt ein mit
der Frage: „Ob es nicht besser ist, die Handlungen des
Geistes nicht Ideen zu nennen und diesen Ausdruck auf
sinnliche Dinge zu beschränken."[3]) Indessen werden noch
in den *Princ.* die Ausdrücke Idee und Begriff vielfach
gleichbedeutend gebraucht.

Berkeley ist nicht Solipsist. Neben dem e i g e n e n
Geist gibt es nach ihm noch unzählige a n d e r e endliche
Geister. Wir wissen, daß nach Berkeleys Grundvoraussetzung nur dasjenige Wirklichkeit besitzt, was die Erfahrung uns bietet, oder was aus ihr folgerichtig durch die
Vernunft erschlossen wird. Die u n m i t t e l b a r e Erfahrung liefert uns nicht die Kenntnis des Daseins anderer
Geister; Berkeley versucht deshalb, es durch einen V e r -
n u n f t s c h l u ß abzuleiten.[4]) Dies ist ihm natürlich nicht
geglückt. Er muß selbst zugeben, daß sein Schluß auf das
Dasein anderer Geister sehr unsicher ist: „Zugestehen will
ich, daß wir weder eine unmittelbare Anschauung noch eine
beweisbare Erkenntnis von dem Dasein anderer endlicher
Seelenwesen haben . . ."[5]) Es besteht nur Wahrscheinlich-
keit für ihre Annahme.

---

1) *Princ.* 140.
2) *Princ.* 27, 142.
3) *C. B.* I. S. 17.   Ähnlich S. 21.
4) *Princ.* 145, 148.
5) *Dial.* I. S. 450.

Ebenso wie das Dasein anderer endlicher Geister
außerhalb des eigenen wird auch das Dasein Gottes
durch die Vernunft auf Grund der Erfahrung erschlossen.
Ich finde, daß die Ideen, die ich durch die Sinne perci-
piere, nicht von meinem Willen abhängig sind wie die
Ideen der Einbildungskraft und der Phantasie, deshalb
müssen sie durch ein anderes Wesen in mir hervorgerufen
werden. „Wenn ich bei vollem Tageslicht meine Augen
öffne, so steht es nicht in meiner Macht, ob ich sehen
werde oder nicht, noch auch, welche einzelnen Objekte sich
meinem Blicke darstellen werden, und so sind gleicher-
weise auch beim Gehör und den anderen Sinnen die ihnen
eingeprägten Ideen nicht Geschöpfe meines Willens. Es
gibt also einen anderen Willen oder Geist, der sie hervor-
bringt."[1]) Dieser Schluß auf das Dasein Gottes ist indessen höchst zweifelhaft. Descartes suchte mit demselben
Argument das Dasein einer körperlichen Außenwelt zu
beweisen.[2]) Berkeley mußte vom Standpunkt der „reinen"
Erfahrung aus die Frage nach dem Ursprung der sinnlichen
Ideen offen lassen; er mußte diese als ein letztes Gegebe-
nes hinstellen. Auch hier tritt der religiöse Glaube wieder
ergänzend ein.

C. Die Weiterentwicklung
der Berkeleyschen Erkenntnistheorie in den
späteren Schriften.

a) Ansätze zur Überwindung des Sensualismus.

Es ist gezeigt worden, wie Berkeley die Wissenschaften auf die Sinne gründet. Jeder Begriff, der eine Gel-

---

1) *Princ.* 29. Cf. *Princ.* 146.
2) Cf. Descartes, *Princ. d. Philos.* II, 1.

tung und Bedeutung in der Wissenschaft besitzen soll, muß seine Grundlage in einer s i n n l i c h e n Einzelvorstellung haben. Deshalb verwarf Berkeley in der ersten Periode seiner Philosophie die Begriffe Kausalität und Kraft in der Naturwissenschaft. Hierin macht sich in den späteren Schriften eine entschiedene Änderung geltend. In der Schrift *De Motu* aus dem Jahre 1721 hält Berkeley zwar daran fest, daß eine Kausalbeziehung zwischen den Körpern unmöglich ist, daß den Körpern keine Kraft innewohnt, aber — und das ist das Neue — er erkennt jetzt die w i s s e n s c h a f t l i c h e B e d e u t u n g d e s K r a f t - b e g r i f f s an. Die Kraft wird jetzt als Hilfsbegriff in der Naturwissenschaft zugelassen. „. . . *mechanicus voces quasdam abstractas et generales adhibet, fingitque in corporibus vim, actionem, attractionem, solicitationem etc., quae ad theorias et enunciationes, ut et computationes de motu apprime utiles sunt, etiamsi in ipsa rerum veritate et corporibus actu existentibus frustra quaererentur . . .*"[1]) Die Zulassung der genannten, nicht empirisch fundierten Begriffe geschieht also, um eine mathematische Demonstration in der Naturwissenschaft zu ermöglichen. „*Vis, gravitas, attractio, et hujusmodi voces, utiles sunt ad ratiocinia et computationes de motu et corporibus motis . . .*"[2]) An anderer Stelle der Schrift nennt Berkeley die Kraft und die verwandten Begriffe „mathematische Hypothesen".[3]) Man muß sich nur hüten, körperliche Kräfte als U r s a c h e der Bewegung aufzufassen; die Ursache der mechanischen Bewegungen gehört in das Reich der Metaphysik. Aber Berkeley erkennt jetzt die wissenschaftliche Bedeutung des

---

1) *D. M.* 39.

2) *D. M.* 17.

3) *D. M.* 67: „*Quippe vires omnes corporibus attributae tam sunt hypotheses mathematicae quam vires attractivae in planetis et sole.*" Cf. *D. M.* 17, 28. Ganz ähnlich *Sir.* 234: „*But what is said of forces residing in bodies, whether attracting or repelling, is to be regarded only as a mathematical hypothesis, and not as anything really existing in nature.*"

Kraftbegriffes an. Noch viel deutlicher zeigt sich das in der folgenden philosophischen Schrift (*Alciphron* 1732). Obwohl wir keine I d e e der Kraft bilden können,[1]) „gibt es sehr einleuchtende Sätze oder Theoreme über die Kraft, welche nützliche Wahrheiten enthalten, z. B. daß ein Körper unter dem Einfluß vereinigter Kräfte die Diagonale eines Parallelogramms beschreibt in derselben Zeit, als er die Seiten unter dem Einfluß der getrennten Kräfte zurücklegen würde. Ist das nicht ein Grundsatz von sehr ausgedehntem Nutzen? Hängt nicht die Lehre von der Zusammensetzung und Auflösung der Kräfte davon ab und infolgedessen zahllose Regeln, die den Menschen im Handeln leiten und Erscheinungen in der Mechanik und mathematischen Philosophie erklären? Und wenn durch Betrachtung dieser Lehre von der Kraft die Menschen zur Kenntnis vieler Erfindungen in der Mechanik kommen, . . . und wenn dieselbe Lehre . . . auch als Schlüssel dient, um die Natur der himmlischen Bewegungen zu entdecken — werden wir noch leugnen, daß sie von Nutzen ist . . ., weil wir keine deutliche Idee der Kraft haben?"[2]) Auch in der M a t h e m a t i k werden jetzt ausdrücklich Begriffe zugelassen, denen keine sinnliche Idee entspricht. „Das algebraische Zeichen z. B., das die Quadratwurzel aus einer negativen Zahl bezeichnet, findet Anwendung in logischen Operationen, obgleich es unmöglich ist, eine Idee einer solchen Quantität zu bilden."[3]) Wir haben also jetzt innerhalb der Wissenschaften Begriffe, die durch keine sinnliche Idee repräsentiert werden können. Die Auffassung, daß sich jeder wissenschaftliche Begriff in eine Vorstellung zwängen lassen muß, wird verlassen. Wie Cassirer zutreffend betont,[4]) hat der Begriff der Repräsentation gegenüber der ersten Fassung, in welcher er im System

---

1) Cf. *Alc.* VII, 6.
2) *Alc.* VII. 7.
3) *Alc.* VII. 14.
4) *a. a. O.* S. 318.

Berkeleys auftrat, jetzt eine wichtige Klärung erfahren: die sinnliche Vergegenwärtigung der wissenschaftlichen Begriffe ist nicht mehr erforderlich, es werden jetzt Begriffe anerkannt, bei denen eine solche unmöglich ist. Ja, solche Begriffe — Berkeley nennt sie Z e i c h e n — treten nicht nur vereinzelt in der Wissenschaft auf, sie bilden vielmehr das eigentliche G r u n d m a t e r i a l derselben. Die allgemeinen Regeln und Theoreme der Wissenschaften „können nicht erlangt werden durch die bloße Betrachtung ursprünglicher Ideen oder einzelner Dinge, sondern mittelst Marken und Zeichen, welche . . . das unmittelbare Werkzeug und Material der Wissenschaft werden. Also nicht durch bloße Betrachtung der Einzeldinge, und noch weniger ihrer abstrakten allgemeinen Ideen, schreitet der Geist fort, sondern durch geeignete Wahl und geschickte Handhabung von Zeichen. . ."[1]) Auch die Zahlen der Arithmetik sind nichts anderes als Zeichen. Der enge Konnex der Zahlen mit den sinnlichen Einzeldingen, der früher bestand, wird im *Alc.* aufgehoben.[2]) „Wenn ich nicht irre, haben alle Wissenschaften, soweit sie allgemein und durch Vernunft demonstrierbar sind, Z e i c h e n als unmittelbares Objekt — obgleich diese Zeichen bei der Anwendung auf ¡Dinge bezogen werden."[3]) Berkeley betont ausdrücklich, daß das äußere Korrelat des Zeichens in den Beziehungen und Verhältnissen zwischen den Einzeldingen besteht, also nicht in einer sinnlichen Idee.[4]) Früher ließ Berkeley eine einzelne sinnliche Vorstellung alle ähnlichen repräsentieren; sie wurde als Zeichen für eine Gruppe von Ideen gesetzt. Die spätere Auffassung des Zeichens knüpft an diese frühere Ansicht an, führt aber darüber hinaus, indem die Verbindung des Zeichens mit den sinn-

---

1) *Alc.* VII. 11.
2) *Alc.* VII. 12.
3) *Alc.* VII. 13.
4) Cf. *Alc.* VII. 12: „*The signs indeed do in their use imply relations or proportions of things . . .*"

lichen Einzelvorstellungen gelöst wird. Wir haben hier ein unverkennbares Abschwenken von dem früher vertretenen extremen Sensualismus vor uns.

Ein solches macht sich auch insofern geltend, als jetzt die Anwendung der Mathematik auf die Naturwissenschaft ausdrücklich anerkannt wird. Wir sahen bereits, daß es Berkeley bei der Einführung des physikalischen Kraftbegriffs hauptsächlich um die mathematische Demonstration zu tun ist. Die Hauptschriften kennen eigentlich keine mathematische Physik, ja Berkeley scheint in ihnen sogar die Möglichkeit einer solchen zu bestreiten.[1]) In der Schrift *D. M.* tritt in der Naturwissenschaft die mathematische Schlußfolge gleichberechtigt neben die sinnliche Wahrnehmung: „... *in rebus physicis tractandis, ubi locum habent sensus, experientia, et ratiocinium geometricum.*"[2]) Mit Hilfe der Mathematik müssen aus den einmal festgestellten Grundprinzipien alle Erscheinungen abgeleitet werden können. „*Tum nimirum dici potest quidpiam explicari mechanice, cum reducitur ad ista principia simplicissima et universalissima, et per accuratum ratiocinium, cum iis consentaneum et connexum esse ostenditur.*"[3]) „*In mechanica ... praemittuntur notiones, hoc est definitiones, et enunciationes de motu primae et generales, ex quibus postmodum methodo mathematica conclusiones magis remotae et minus generales colliguntur.*"[4]) Allerdings erkennt Berkeley die Anwendung der Mathematik in der Naturwissenschaft nur widerwillig an; er sagt: „*Caeterum entia mathematica in rerum natura stabilem essentiam non habent.*"[5]) Die Mathematik ist ihm auch in den späteren Schriften etwas der Natur fremdartiges, das an diese herangebracht wird um der leichteren Behandlung der Naturwissenschaft willen.

---

1) Cf. S. 25 dieser Arbeit.
2) *D. M.* 1.
3) *D. M.* 37.
4) *D. M.* 38.
5) *D. M.* 67.

Berkeley entfernt sich in den späteren Schriften auch dadurch von dem früher vertretenen extremen Sensualismus, daß er hier den Naturgesetzen eine ausnahmslose Gültigkeit zuschreibt.[1]) In den *Princ.*[2]) betont Berkeley, daß wir nicht mit Sicherheit wissen können, „daß der Urheber der Natur stets gleichmäßig handele unter beständiger Beobachtung jener Regeln, die wir für Prinzipien ansehen...." Dies ist ganz konsequent; der Sensualist kennt nur das Gegenwärtige, sinnlich Feststellbare, über das Geschehen in der Zukunft muß er sich einer Aussage enthalten. Die Äußerung Berkeleys in den *Dial.*:[3]) „So bestimmt, so unveränderlich sind die Gesetze, durch welche der unsichtbare Schöpfer der Natur das Weltall bewegt" steht in den Hauptschriften vereinzelt da. Später tritt in diesem Punkt eine wesentliche Umwandlung ein. Diese macht sich besonders in der *Sir.* geltend. Hier wird gesagt: „Wo ein Verstand herrscht, da wird Methode und Ordnung sein, und deshalb werden auch Gesetze sein, die, wenn sie nicht bestimmt und beständig wären, aufhören würden, Gesetze zu sein. Es ist deshalb eine Beständigkeit in den Dingen, welche Naturlauf genannt wird."[4]) „... ohne einen regelmäßigen Naturlauf könnte die Natur nicht verstanden werden. Die Menschheit würde immer in Verlegenheit sein, indem sie nicht wüßte, was sie zu erwarten hätte, wie sie sich verhalten sollte, wie sie ihre Handlungen einrichten müßte, um zu einem bestimmten Ziele zu gelangen."[5])

---

1) Cf. Claussen, Kritische Darstellung der Lehren Berkeleys über Mathematik und Naturwissenschaften. Diss. Halle a. S. 1889. S. 26 ff.
2) *Princ.* 107₄.
3) *Dial.* I. 423.
4) *Sir.* 234.
5) *Sir.* 160. Cf. *Sir.* 154, 252, 256, 261.

b) Die Mathematik und die Naturwissenschaften in den späteren Schriften.

Es wurde im vorigen Abschnitt gezeigt, wie Berkeley in der zweiten Periode seiner Philosophie einen Ansatz dazu macht, die Anschauung, daß die Wissenschaften ausschließlich auf den Sinnen beruhen, zu verlassen. Über diesen Ansatz kommt er jedoch nicht hinaus; auch in den späteren Schriften bleiben im großen Ganzen Mathematik und Naturwissenschaft — die Berkeley von den Wissenschaften allein in Betracht zieht — auf die Sinne basiert. In *D. M.* wird z. B. betont, daß die Naturwissenschaft es ausschließlich mit den sinnlich wahrnehmbaren Wirkungen in der Natur zu tun hat.[1] Und was die Mathematik anbetrifft, so wird in der Schrift *Anal.* ebenso wie in den Hauptschriften die Infinitesimalrechnung vom sensualistischen Standpunkt aus bekämpft. Es gibt keine unendlich kleinen Größen, weil wir sie uns nicht vorstellen können. „Eine unendlich kleine Größe zu begreifen — d. h. eine Größe, die unendlichmal kleiner ist als irgend eine sinnliche oder einbildbare Größe oder die geringste endliche Größe — geht, wie ich zugeben muß, über meine Fassungskraft."[2] Es erinnert uns an das früheste Stadium der Berkeleyschen Philosophie im *C. B.,* wenn Berkeley im *Anal.* hervorhebt, daß die Geometrie eine lediglich p r a k t i s c h e Wissenschaft sei, in der es auf allzugroße Genauigkeit gar nicht ankomme,[3] und wenn er weiter davon spricht, daß man in dieser Wissenschaft durch Probieren und Induktion vorwärts schreiten könne.[4]

---

1) *D. M.* 4. Cf. *Sir.* 292: „*Natural phaenomena are only natural appearances. They are, therefore, such as we see and perceive them*" nebst F r a s e r s Anmerkung dazu (W. W. III. S. 264): „*They are in short only data of sense, to which we must attribute nothing, that is not actually presented to the senses.*"

2) *Anal.* 5. Cf. *Anal.* 4.

3) *Anal. Qu.* 53.

4) *Anal. Qu.* 34.

Mathematik und Naturwissenschaft bleiben also auch in den späteren Schriften Berkeleys auf die Sinne gegründet; doch tritt in der späteren Philosophie dadurch eine grundlegende Änderung in der Wertschätzung der genannten Wissenschaften ein, daß die sinnliche Erkenntnis als solche degradiert wird. Die Herabsetzung der Sinnlichkeit ist eines der hervorstechendsten Merkmale der späteren Berkeleyschen Philosophie. Es ist oben[1]) gezeigt worden, wie sehr Berkeley in den Hauptschriften die Sicherheit und Zuverlässigkeit der sinnlichen Erkenntnis betont. Zwar wird von allem Anfang an die Vernunft als ein höheres Erkenntnisvermögen der Sinnlichkeit gegenübergestellt, immer aber lieferte uns diese nach der Anschauung der Hauptschriften ein echtes, vollgültiges Wissen. Ja, die sinnliche Erkenntnis hatte sogar einen Vorzug insofern, als sie uns klare und deutliche Ideen verschaffte, während die Vernunft uns nur einen „Begriff", d. h. „eine Art Wissen", von ihren Gegenständen (den Geistern) gewährte. Hierin tritt später eine grundsätzliche Umgestaltung ein. Diese bemerken wir besonders in Berkeleys letzter Schrift *Sir.* Hier wird betont, daß die Gegenstände der Sinne, die Ideen, in beständiger Veränderung begriffen sind. Früher nannte sie Berkeley Dinge, jetzt sagt er, daß sie nicht eigentlich Dinge sind, sondern „fließende Phantome",[2]) „fließende Schatten".[3]) Wir werden später noch ausführlicher darüber zu sprechen haben, wenn wir die Rolle betrachten, die die Platonischen Ideen in der letzten Periode der Berkeleyschen Philosophie spielen. Über solche sich immer verändernde Gegenstände, sagt Berkeley im Anschluß an Plato, ist ein echtes Wissen unmöglich.[4]) Berkeley geht jetzt so weit zu behaupten, daß

---

1) Cf. S. 20 dieser Arbeit.
2) *Sir.* 294.
3) *Sir.* 295.
4) Cf. *Sir.* 304: „*Therefore, as there can be no knowledge of things flowing and unstable, the opinion of Protagoras and Theaetetus, that sense was science, is absurd.*"

die Sinne uns überhaupt keine Erkenntnis
liefern. „Strenggenommen erkennen die Sinne nichts."[1])
„Wie der Verstand nicht percipiert, d. h. nicht sieht, hört
oder fühlt, so erkennen die Sinne nichts: und wenn auch
der Geist sowohl die Sinne als auch die Einbildungskraft
als Mittel gebrauchen mag, um zur Erkenntnis zu kommen,
so erkennen doch die Sinne . . . nichts."[2]) Wenn man
diese Worte mit Aussprüchen aus der ersten Periode der
Berkeleyschen Philosophie vergleicht, so erkennt man, wie
die Anschauung des Philosophen sich geändert hat. Die
sichere und zuverlässige Erkenntnis, die früher die Sinne
gewähren sollten, wird jetzt aufs schärfste bestritten. Damit aber sinken die Wissenschaften, die auf den Sinnen beruhen, zu einem bloßen Scheinwissen herab; Mathematik und Naturwissenschaft werden einer niederen
Sphäre der Erkenntnis zugewiesen. Hieraus wird es verständlich, wenn Berkeley im *Anal.* die Frage aufwirft:
„Ob die korpuskulare, experimentelle und mathematische
Wissenschaft, die in der letzten Zeit so sehr gepflegt worden ist, unsere Aufmerksamkeit nicht zu sehr auf sich ge-
lenkt hat . . .? Ob, aus diesen und anderen Gründen, nicht
die Geister denkender Leute hinabgezogen worden sind
bis zur Verminderung und Abstumpfung der höheren Fähigkeiten? Und ob nicht daher abzuleiten ist die vor-
herrschende Beschränktheit und der Aberglaube bei vielen,
die für Männer der Wissenschaft gelten, ihre Unfähigkeit
für moralische, geistige oder theologische Dinge, ihre Ge-
neigtheit, über alle Wahrheiten mit den Sinnen und der
Erfahrung des tierischen Lebens zu urteilen?"[3])

---

1) *Sir.* 253. Cf. *Sir.* 304.
2) *Sir.* 305. Ähnlich Ralph Cudworth, dessen philosophische
Ansichten manche Verwandtschaft mit Berkeleys späterer Philosophie
zeigen. Cf. v. Hertling, John Locke und die Schule von Cambridge.
Freiburg i. Br. 1892. S. 123 und Frasers Anmerkung zu *Sir.* 253.
W. W. III. S. 244.
3) *Anal.* Qu. 56, 57.

c) Die Stellung der Metaphysik in den späteren Schriften.

Zu immer höherer Anerkennung und Wertschätzung gelangt in der späteren Philosophie Berkeleys die M e t a - p h y s i k, die nicht auf den Sinnen, sondern auf der Vernunft beruht. Der Schwerpunkt des Systems wird von den empirischen Wissenschaften nach der Metaphysik hin verschoben. Berkeley pflegte von allem Anfang an die Metaphysik, dazu gab seine tiefe Religiosität den Anstoß. Aber in der ersten Periode seines Philosophierens tritt die Metaphysik in engster Verbindung mit der Erfahrung auf; sie handelt von dem, was durch die Vernunft auf Grund des empirisch Gegebenen erschlossen wird. Dieser Zusammenhang wird später ganz aufgegeben. Berkeley steuert in das rationalistische Fahrwasser; das Erfahrungswissen wird degradiert, die auf der Vernunft beruhende Metaphysik wird von der Erfahrung gelöst und kommt zu höherer Wertschätzung. Zur Bestätigung dessen will ich einige Stellen aus Berkeleys späteren Schriften anführen. „*De Deo autem Optimo Maximo rerum omnium Conditore et Conservatore tractare, et qua ratione res cunctae a summo et vero Ente pendeant demonstrare, quamvis pars sit scientiae humanae praecellentissima, spectat tamen potius ad philosophiam primam, seu metaphysicam et theologiam, quam ad philosophiam naturalem, quae hodie fere omnis continetur in experimentis et mechanica.*"[1]) Im *Anal.* wirft Berkeley die Frage auf: „Gibt es nicht wirklich eine *philosophia prima*, eine gewisse transcendente Wissenschaft, die höher und umfassender als die Mathematik ist?"[2]) Die Metaphysik hat als Gegenstand geistige Dinge, von denen wir nach Berkeleys Anschauung „Begriffe" haben. Diese „Begriffe", die früher von Berkeley nur in unbestimmten Ausdrücken gekennzeichnet wurden und nichts weniger als klar waren, rücken in den späteren Schriften in den Vorder-

---

1) *D. M.* 34. Cf. *D. M.* 71, 72.
2) *Anal. Qu.* 49. Cf. *Qu.* 51, 56, 57.

grund. „Der Geist, seine Handlungen und Fähigkeiten, liefern eine neue und bestimmte Klasse von Objekten. Aus deren Betrachtung entstehen gewisse andere Begriffe, Prinzipien und Wahrheiten, die von den ersten Vorurteilen der menschlichen Sinne so entfernt und ihnen so entgegengesetzt sind, daß sie ausgeschlossen werden können aus der gewöhnlichen Redeweise und aus den Büchern. Sie sind . . . mehr geeignet für das Suchen nach Wahrheit, die Arbeit und das Ziel weniger Menschen, als für die Praxis der Welt und das experimentelle oder mechanische Forschen."[1]) Diese Erhöhung der Metaphysik hat ihren Grund darin, daß der religiöse Zug der Berkeleyschen Philosophie in den späteren Schriften mehr und mehr hervortritt und das kritische Element zurückdrängt. So kommt die Wissenschaft, die von Gott und göttlichen Dingen handelt, die Metaphysik, dazu, später von Berkeley allein als echte Wissenschaft anerkannt zu werden.

Die reichsten Blüten treibt die Metaphysik in Berkeleys *Siris*. Der scharfe, kritische Philosoph der Hauptschriften verliert sich hier, beeinflußt durch das Studium der antiken Philosophie, in dogmatische metaphysische Spekulationen. Der Zusammenhang der Metaphysik mit dem empirisch Gegebenen wird ganz aufgegeben. Ich will eine Probe geben, die für die Metaphysik der *Siris* charakteristisch ist, Berkeleys Theorie der *anima mundi*.[2]) Die Welt, lehrt er im Anschluß an die Pythagoräer und Platoniker, ist ein großes lebendiges Ganzes. Sie wird in allen ihren Teilen durchdrungen von dem r e i n e n, u n s i c h t - b a r e n F e u e r oder der Lichtsubstanz. Dieses Elementarfeuer ist die *anima mundi,* von Gott dirigiert ruft es die verschiedenen Bewegungen in allen Teilen der Welt hervor. Was der Lebensgeist für den Mikrokosmos, für den Menschen, ist, das ist das Elementarfeuer für den Makrokosmos. Das Elementarfeuer ist nicht zu verwechseln mit

1) *Sir.* 297. Cf. *Sir.* 303, 330.
2) *Sir. passim.*

dem gewöhnlichen Feuer, welches raucht und flammt, es ist selbst nicht sinnlich percipierbar, sondern nur an seinen Wirkungen zu erkennen. Es befindet sich ungesehen im Focus eines Brennglases, bis es einen Körper findet, an dem es wirken kann. Das reine Feuer empfängt unmittelbar Eindrücke von Gott und teilt sie den gröberen Teilen der Welt, den Körpern, mit. Es ist heterogen; jeder Körper zieht einzelne Partien des Elementarfeuers an und stößt andere zurück, dadurch werden seine besonderen Eigenschaften und Eigentümlichkeiten erzeugt. Alle Wirkungen in der Welt werden durch diese *anima mundi* hervorgerufen; sie enthält die Samen aller Dinge. Auf unserem Planeten wirkt das Elementarfeuer nicht unmittelbar auf die Körper, sondern bedient sich als Vermittlers der Luft. Die Luft, die weniger grob ist als die Körper, empfängt Eindrücke vom Elementarfeuer und teilt sie den Körpern mit. 'Die Luft ist ein allgemeiner Behälter aller belebenden Prinzipien, kein Lebewesen kann ohne sie existieren. Durch die Luft hauptsächlich kommt auch das Elementarfeuer in die Tiere hinein. Sie empfangen es „eingehüllt in Luft durch die Lungen und Poren des Körpers." Im Menschen wird das Elementarfeuer durch die menschliche Seele mit beschränkter Gewalt beherrscht und angewandt. Es ist die Ursache aller Muskelbewegungen, willkürlicher und unwillkürlicher. Diese Theorie des Feuers als *anima mundi* taucht in der letzten Schrift Berkeleys ganz neu auf; sie ist die Frucht eingehenden Studiums der antiken Philosophie. Sie zeigt uns aber gleichzeitig aufs allerdeutlichste, welche W a n d l u n g   i n   B e r k e l e y s   P h i l o s o p h i e r e n eingetreten ist.

d) Die Annahme der Platonischen Ideen und die daraus entspringenden Konsequenzen.

Die alte Philosophie, insbesondere Plato, hat die Herrschaft in Berkeleys späterem Denken. Es führt dies noch zu einer anderen bedeutenden Umwandlung der Berkeley-

schen Erkenntnistheorie: anstelle des s e n s u a l i s t i -
s c h e n Idealismus der Hauptschriften tritt in den späteren
Schriften ein P l a t o n i s c h e r Idealismus. Berkeley kann
sich in der *Sir.* nicht genug tun, das Studium Platos zu
empfehlen. Er hat bereits klar erkannt, daß Aristoteles und
seine Schule die Platonische Ideenlehre unrichtig aufgefaßt
haben. „Aristoteles und seine Nachfolger haben eine mon-
ströse Darstellung von den Platonischen Ideen gegeben;
auch einige aus Platos eigener Schule haben sehr seltsame
Dinge über sie gesagt. Aber wenn dieser Philosoph nicht
nur gelesen, sondern mit Sorgfalt studiert und zu seinem
eigenen Ausleger gemacht würde, glaube ich, daß das Vor-
urteil gegen ihn bald verschwinden oder sich sogar ver-
wandeln würde in eine hohe Achtung für jene erhabenen
Begriffe und schönen Winke, die durch seine Schriften hindurch glänzen; . . . ."[1]) Berkeley faßt die Platonischen
Ideen als w i r k e n d e   K r ä f t e auf. „In Platos Sprache
bedeutet der Ausdruck Idee nicht bloß ein träges, untäti-
ges Objekt des Denkens, sondern ist gleichbedeutend mit
$\alpha\iota\tau\iota\upsilon\nu$ und $\alpha\varrho\chi\eta$, mit Ursache und Prinzip."[2]) Überall werden die Platonischen Ideen als etwas Aktives, Wirkendes,
betrachtet. Diese Auffassung läßt sich durchaus rechtfertigen. Im Phaidon (99 D ff.) bezeichnet Plato die Ideen als
die Ursachen, durch die alles wird, was es ist; im Phile-
bos (23 C f. 26 E f. 28 C ff.) treffen wir an derselben
Stelle, die sonst die Ideen einnehmen, das Wort „Ursache"; und im Sophistes (248 A ff.) wird die Idee als
wirkende Kraft gedacht und ihr Leben und Bewegung zugeschrieben.[3]) Es kann keinem Zweifel unterliegen, daß
Berkeley die Platonischen Ideen annimmt. Neben die sinnlichen Ideen der früheren Zeit tritt in den späteren Schriften eine höhere Wirklichkeit, die Ideen im Platonischen

---

1) *Sir.* 338.
2) *Sir.* 335.
3) Nach Z e l l e r, Grundriß d. Gesch. d. griech. Philos. 1911.
S. 144, 145.

Sinn, die die Ursachen für das Dasein und die Veränderungen der Sinnesideen sind.

Berkeley bekennt sich bereits in der Schrift *The Theory of Vision . . . Vindicated and Explained* vom Jahre 1733 zu den Platonischen Ideen, ohne sie allerdings mit Namen zu nennen. „Die Ursache dieser Ideen [d. h. der Sinnesideen] oder die Kraft, sie hervorzubringen, ist kein Gegenstand der Sinne, da sie nicht selbst percipiert, sondern nur durch die Vernunft erschlossen wird aus ihren Wirkungen, nämlich jenen Gegenständen oder Ideen, welche durch die Sinne percipiert werden."[1] „Was die absolute Natur der äußeren Ursachen oder Kräfte anbetrifft, so haben wir darüber nichts zu sagen [d. h. in einer Schrift über das Sehen]: sie sind keine Gegenstände unserer Sinne oder der Perception."[2] Ferner spricht Berkeley in der genannten Schrift von „Wesen, Substanzen, Kräften, die a u ß e r h a l b [des Geistes] existieren."[3] Ich glaube, daß man die zitierten Stellen kaum anders deuten kann, als daß Berkeley jetzt neben die sinnlichen Ideen, deren *esse* gleich *percipi* ist, ein Reich von intellektuellen Wesenheiten stellt, die die Ursachen unserer Sinnesideen sind.

Mit der Annahme der Ideen im Platonischen Sinn tritt insofern eine Verschiebung ein, als der Begriff „R e a l i - t ä t" von den s i n n l i c h e n Ideen auf die P l a t o n i - s c h e n Ideen übertragen wird. In den Hauptschriften wurde immer betont,[4] daß durch die Aufhebung der materiellen Außenwelt die Realität der sinnlich wahrnehmbaren Dinge nicht angetastet wird; die durch die Sinne percipierten Ideen bilden eine Welt r e a l e r Dinge. In den späteren Schriften, besonders in der *Sir.,* sinken diese sinnlichen Ideen zu bloßem S c h e i n herab. Sie sind in einer

---

1) *Th. of Vis. Vind.* 11.
2) *Th. of Vis. Vind.* 12.
3) *Th. of Vis. Vind.* 19.
4) Cf. S. 13 dieser Arbeit.

unablässigen Veränderung begriffen. „Jeder Augenblick erzeugt einen Wechsel in den Teilen der sichtbaren Schöpfung ... Weshalb die Alten sagten, daß alle geschaffenen Dinge im beständigen Fluß seien. Was auf einen flüchtigen und allgemeinen Anblick ein einziges, beständiges Wesen zu sein scheint, wird sich bei einem genaueren Blick als eine fortgesetzte Reihe verschiedener Wesen erweisen."[1]) Die sinnlichen Dinge „existieren genau gesprochen überhaupt nicht, da sie immer im Entstehen d. h. im beständigen Fluß sind, ohne daß etwas Festes oder Permanentes in ihnen wäre, das ein Objekt realer Wissenschaft sein könnte. Sinnliche Dinge und körperliche Formen sind beständig entstehend und untergehend, erscheinend und verschwindend, sie bleiben nie in einem Zustand, sondern sind immer in Bewegung und Veränderung, und deshalb in Wahrheit nicht ein Wesen, sondern eine Reihe von Wesen. Und in der Tat ist nichts augenscheinlicher, als daß z. B. die scheinbaren Größen und Gestalten der Dinge im beständigen Fluß sind, sich ändernd, wenn sie aus veränderter Entfernung oder mit mehr oder weniger scharfen Gläsern betrachtet werden."[2]) So wird in der *Sir.* den Sinnendingen alle Realität abgesprochen. Nur für die gemeine Auffassung, sagt jetzt Berkeley, ist sinnlich und real identisch. [3])

In der späteren Philosophie Berkeleys haben die hinter den sinnlichen Dingen stehenden Platonischen Ideen allein Realität. Sie sind für die Sinne unwahrnehmbar und nur durch die Vernunft zu erkennen. Sie sind „die realsten Wesen, intellektuell und unveränderlich, und deshalb realer als die fließenden, vergänglichen Gegenstände der Sinne."[4]) Berkeley meint, daß wir erst spät dazu kommen, nicht die sinnlichen Dinge allein zu berück-

---

1) *Sir.* 344.
2) *Sir.* 304.
3) *Sir.* 264. Cf. *Sir.* 294, 295, 349.
4) *Sir.* 335.

sichtigen, sondern die höhere Welt der Platonischen Ideen und ihres Beherrschers, des höchsten Geistes, zu betrachten. „Die Sinne überwältigen zuerst den Geist. Die sinnlichen Erscheinungen sind uns alles in allem, unsere Überlegungen beschäftigen sich mit ihnen, unsere Wünsche streben nach ihnen, wir blicken nicht weiter nach Realitäten oder Ursachen; bis der Verstand zu erwachen beginnt und einen Strahl auf dieses Schattenspiel wirft. Dann bemerken wir das wahre Prinzip der Einheit, Identität und Existenz. Die Dinge, die zuvor die ganze Welt auszumachen schienen, erweisen sich bei einer geistigen Prüfung als fließende Phantome."[1] „Sinne und Erfahrung machen uns mit dem Lauf und der Analogie der Naturerscheinungen bekannt. Denken, Vernunft und Verstand führen uns zur Kenntnis ihrer Ursachen. Sinnliche Erscheinungen, obgleich fließender, unbeständiger und unsicherer Natur, nehmen zuerst den Geist ein und machen dadurch die spätere Aufgabe des Denkens schwieriger; . . . sie erlangen in der Meinung der meisten Menschen den Vorzug gegen jene höheren Prinzipien, die die spätere Frucht des zur Reife und Vollkommenheit gelangten menschlichen Geistes sind, die aber, da sie die körperlichen Sinne nicht erregen, für mangelhaft im Hinblick auf Festigkeit und Realität gehalten werden, da für die gemeine Auffassung sinnlich und real identisch ist."[2]

Die Platonischen Ideen werden von Berkeley als wirkende Kräfte in der Gottheit aufgefaßt. Da sie allein Realität haben, so ist nach der *Sir.* die wirkliche Welt ganz in Gott enthalten, während die uns umgebende Welt sinnlicher Dinge nichts als Schein und Trug ist. So sehr hat sich Berkeleys Auffassung der Außenwelt verschoben. „Wenn wir in das Reich der *philosophia prima* eintreten, entdecken wir eine andere Ordnung von Wesen — den höchsten Geist und seine Handlungen, permanente Dinge . . .,

---

1) *Sir.* 294.
2) *Sir.* 264.

die das ganze Universum enthalten, verbinden und be-
leben . . ."[1]) Die sinnliche Welt ist und bleibt das
Gebiet des Naturwissenschaftlers. Dieser aber muß sich
immer gegenwärtig halten, daß er es in seiner Wissenschaft nur mit Schattenbildern zu tun hat. „Wenn er, in
der Forschung fortfahrend, aus der sinnlichen in die
intellektuelle Welt aufsteigt und die Dinge in neuem
Licht und neuer Ordnung erblickt, wird er sein System
ändern und bemerken, daß das, was er für Substanzen und
Ursachen hielt, nur fließende Schatten sind, daß der höchste Geist alles enthält und alles wirkt und für alle geschaffenen Wesen die Quelle der Einheit, Identität, Har-
monie, Ordnung, Existenz und Festigkeit ist."[2]) Im
Gegensatz zu den sinnlichen Dingen können die Platonischen Ideen Gegenstand echter, vollgültiger Wissenschaft sein.[3]) Da sie aber intellektuell und nur durch
die Vernunft erkennbar sind, so gehören sie in den Be-
reich der Metaphysik. Wir sehen auch hier, daß Berkeley in den späteren Schriften nur die Metaphysik als
echte Wissenschaft anerkennt.

Die Annahme der Platonischen Ideen hat auch Berkeleys Stellung zu der Frage der angeborenen Ideen wesentlich beeinflußt. Er bespricht in der *Sir.* den Gegensatz
zwischen Aristoteles und Plato in Bezug auf die Lehre von
den angeborenen Ideen und schließt daran seine eigene
Ansicht über diesen Gegenstand an. „Jener Philosoph
[Aristoteles] hielt dafür, daß der menschliche Geist eine
tabula rasa wäre, und daß es keine eingeborenen Ideen
gäbe. Plato dagegen nahm ursprüngliche Ideen im Geist
an ; d. h. Begriffe, die nicht aus den Sinnen stammen, wie
Dasein, Schönheit, Güte, Gleichheit, Ähnlichkeit. Man mag
vielleicht folgendes für die Wahrheit halten : es gibt keine
Ideen oder passive Dinge im Geist, als solche, die durch

---

1) *Sir.* 293.
2) *Sir.* 295.
3) Cf. *Sir.* 335.

die Sinne hereingekommen sind; daneben aber gibt es auch dessen [d. h. des Geistes] eigene Tätigkeiten ,und Handlungen, die „Begriffe" *(notions)* sind."[1]) Von den s i n n l i c h e n Ideen ist also nach Berkeley keine angeboren, dagegen sind die „B e g r i f f e", die die Tätigkeiten des Geistes bezeichnen, angeboren. Wir haben hier wieder ein Beispiel dafür, daß die „Begriffe", die auf Geistiges Bezug haben, gegenüber den sinnlichen Ideen in der späteren Berkeleyschen Philosophie einen entschiedenen Vorzug haben.

D. Zusammenfassung.

Ich habe die Entwicklung der Berkeleyschen Erkenntnistheorie in ihren wesentlichen Zügen darzustellen versucht. Berkeley geht aus von dem in England einheimischen E m p i r i s m u s, den er konsequenter als seine Vorgänger durchzuführen strebt. Auf diesem Wege kommt er zu der Behauptung, daß es nichts gibt als G e i s t e r und deren I d e e n. Diese Ideen, nicht materielle Körper, bilden die uns umgebende Außenwelt, an deren Realität dadurch nichts geändert werden soll. In Bezug auf die Wissenschaften gelangt der Philosoph zu einem vollkommenen S e n s u a l i s m u s. Mathematik und Naturwissenschaft werden auf die Sinne gegründet. Jeder wissenschaftliche Begriff muß sich durch eine sinnliche Einzelvorstellung beglaubigen lassen. Wir haben dann betrachtet, wie sich diese philosophischen Anschauungen in den späteren Schriften Berkeleys ändern. P l a t o n i s c h e I d e e n werden eingeführt und ihnen allein Realität zugeschrieben, während die sinnlichen Ideen zu bloßem Schein werden. Berkeley

---

1) *Sir.* 308.

macht einen Ansatz dazu, die enge Verbindung zwischen den Wissenschaften und dem sinnlichen Erkenntnisvermögen zu trennen. Doch kommt er darin nicht weit, im großen Ganzen bleiben auch in den späteren Schriften die Wissenschaften auf die Sinne basiert. Aber die sinnliche Erkenntnis wird später degradiert, es wird sogar behauptet, daß die Sinne uns keine Erkenntnis liefern können; damit werden Mathematik und Naturwissenschaft einer niederen Sphäre des Wissens zugeordnet. Als echte Wissenschaft wird in der späteren Berkeleyschen Philosophie nur die Metaphysik, die Wissenschaft von den geistigen Dingen, anerkannt. Sie wird von der Erfahrung, mit der sie früher in enger Beziehung stand, gelöst und erlangt eine immer höhere Dignität. Die starke metaphysische Tendenz, die in Berkeleys innerster Natur wurzelt, kommt später immer mehr zum Durchbruch. Berkeley wird zum dogmatischen Rationalisten, der daran geht, unter Geringschätzung der Erfahrung und unter der schärfsten Bekämpfung der mechanischen Weltanschauung, eine allein auf die Vernunft gegründete spiritualistische Metaphysik aufzubauen.

Lebenslauf.

Geboren wurde ich, O t t o Ernst Alfred A n s c h ü t z, am 11. März 1888 zu Zella St. Blasii in Thüringen als Sohn des Gewehrfabrikanten Udo Anschütz. Ich bin evangelischer Konfession und preußischer Staatsangehöriger. Zuerst besuchte ich drei Jahre lang die Volksschule meines Heimatortes, dann von Sexta bis Untertertia eine Privatschule. Darauf trat ich in die Realschule zu Ohrdruf ein, wo ich Ostern 1903 die Berechtigung zum einjährig-freiwilligen Militärdienst erwarb. Ostern 1906 bestand ich die Reifeprüfung an der Oberrealschule zu Schmalkalden und widmete mich dann dem Studium der Mathematik, Physik und Philosophie an den Universitäten München, Leipzig und Halle. Im Januar 1911 legte ich in Halle die Prüfung für das höhere Lehramt ab. Die Ableistung des Seminarjahres begann ich im Oktober 1911 am Königlichen Gymnasium zu Ratibor. Während der zweiten Hälfte des Seminarjahres verwaltete ich eine Oberlehrerstelle am Lyceum (verbunden mit Oberlyceum und Oberrealschul-Studienanstalt) zu Kattowitz. Gegenwärtig bin ich zur Ableistung des Probejahres an der Klosterschule zu Roßleben a. U. tätig. Die mündliche Doktorprüfung bestand ich am 21. Dezember 1912.

Teilgenommen habe ich an den Vorlesungen und Übungen folgender Herrn Professoren und Dozenten: D o r n, E b e r h a r d, F r i e s, G u t z m e r, H a u s d o r f f, H ö l d e r, L i p p s, M e n z e r, N e u m a n n, R o h n, R ö n t - g e n, S c h m i d t, V o l h a r d, W. a n g e r i n, W i e n e r und W u n d t.

Ihnen allen, besonders aber Herrn Professor Dr. M e n z e r, bin ich für die Förderung meiner Studien zu aufrichtigem Danke verpflichtet.

Lebenslauf